Impressum
Verlag: BABADADA GmbH, Nedderfeld 112 , 22529 Hamburg
Geschäftsführer / Verlagsleitung: Harald Hof
Druck: Books on Demand GmbH, In de Tarpen 42, 22848 Norderstedt

Imprint
Publisher: BABADADA GmbH, Nedderfeld 112 , 22529 Hamburg, Germany
Managing Director / Publishing direction: Harald Hof
Print: Books on Demand GmbH, In de Tarpen 42, 22848 Norderstedt

el colegio

школа

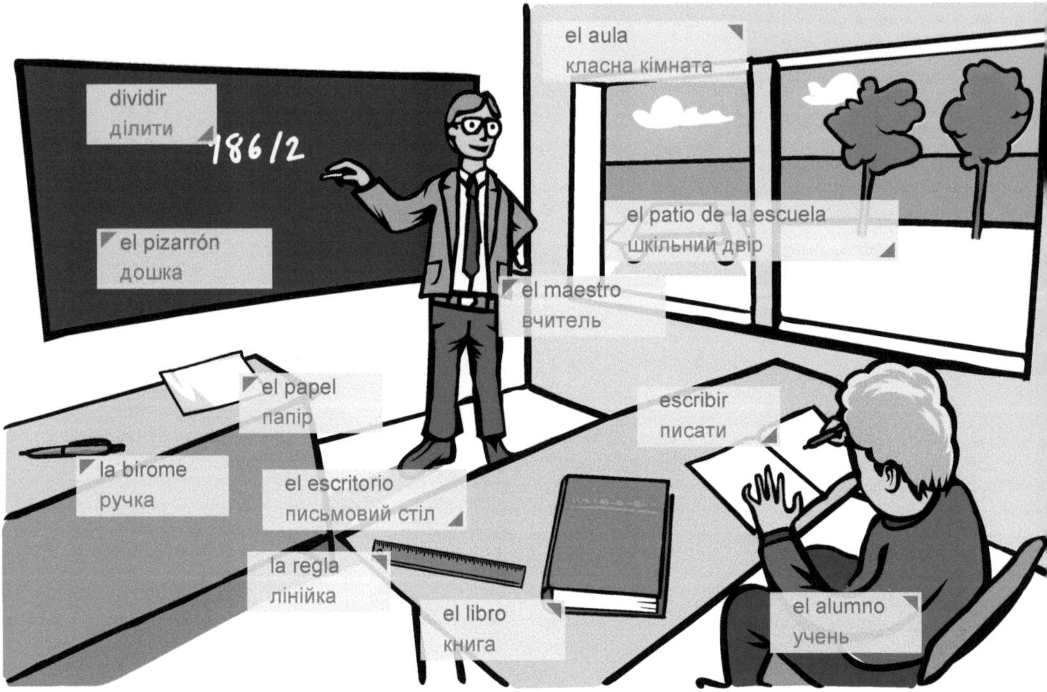

el aula
класна кімната
dividir
ділити
186/2
el pizarrón
дошка
el patio de la escuela
шкільний двір
el maestro
вчитель
el papel
папір
escribir
писати
la birome
ручка
el escritorio
письмовий стіл
la regla
лінійка
el libro
книга
el alumno
учень

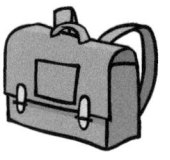

la mochila

ранець

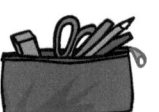

la caja de lápices

пенал

el lápiz

олівець

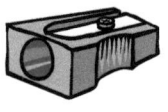

el sacapuntas

точило

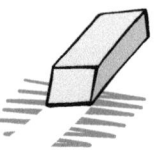

la goma (de borrar)

гумка

el bloc de dibujo

альбом для малювання

el dibujo
....
малюнок

el pincel
....
пензель

la caja de pinturas
....
коробка фарб

la tijera
....
ножиці

el pegamento
....
клей

el cuaderno de ejercicios
....
зошит

la tarea
....
домашнє завдання

el número
....
число

sumar
....
додавати

restar
....
віднімати

multiplicar
....
множити

calcular
....
рахувати

la letra
....
літера

el abecedario
....
абетка

la palabra
....
слово

el texto

текст

leer

читати

la tiza

крейда

la lección

година

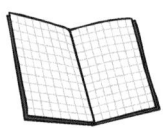

el cuaderno de clase

класний журнал

el examen

екзамен

el certificado

диплом

el uniforme escolar

шкільна форма

la educación

освіта

la enciclopedia

лексикон

la universidad

університет

el microscopio

мікроскоп

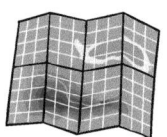

el mapa

карта

el tacho (de basura)

кошик для паперу

el viaje

подорож

el hotel
готель
Grand
el hostel
турбаза
ROOMS
EXCHANGE
la casa de cambio
обмінний пункт
la valija
валіза
el auto
автомобіль

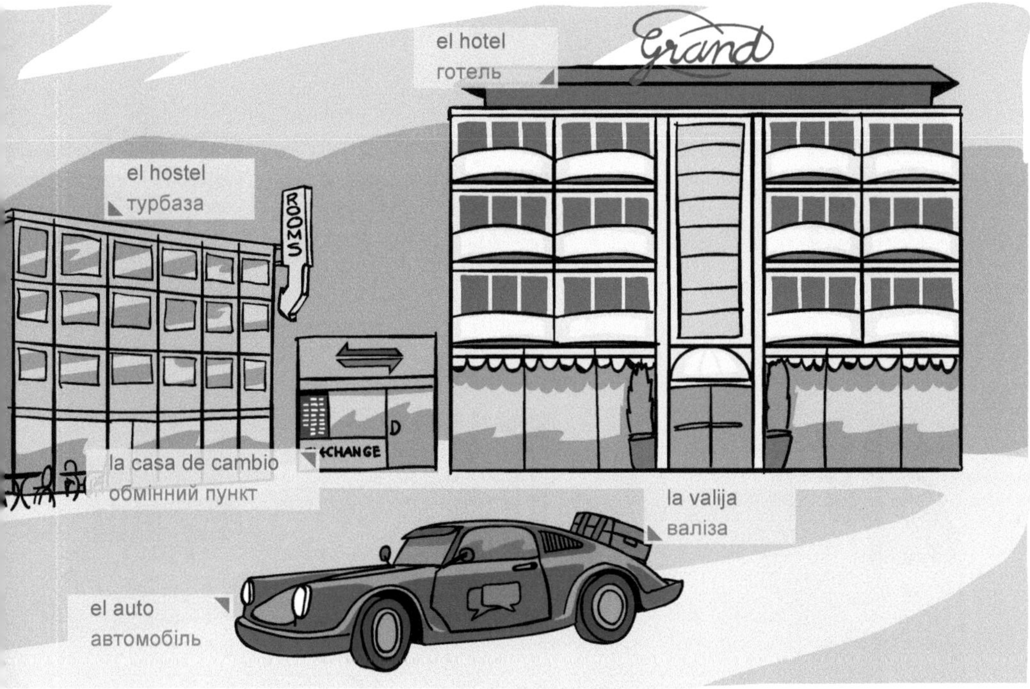

el idioma

мова

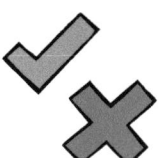

sí / no

так / ні

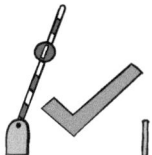

Está bien

добре

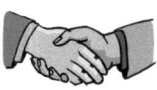

hola

привіт

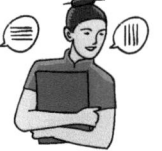

el traductor

перекладач

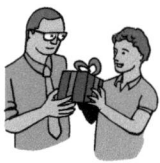

Gracias

дякую

¿cuánto cuesta...?

Скільки коштує ...?

No entiendo

Я не розумію

el problema

проблема

¡Buenas tardes!

Добрий вечір!

¡Buenos días!

Доброго ранку!

¡Buenas noches!

На добраніч!

el adiós

До побачення

la dirección

напрямок

el equipaje

багаж

el bolso

сумка

la mochila

рюкзак

el invitado

гість

la habitación

кімната

la bolsa de dormir

спальний мішок

la carpa

намет

la información turística

туристична інформація

la playa

пляж

la tarjeta de crédito

кредитна картка

el desayuno

сніданок

el almuerzo

обід

la cena

вечеря

el pasaje

квиток

el ascensor

ліфт

el sello

поштова марка

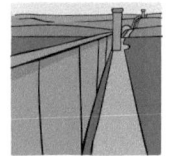

la frontera

межа

la aduana

митниця

la embajada

посольство

la visa

віза

el pasaporte

паспорт

el viaje - подорож

el transporte

транспорт

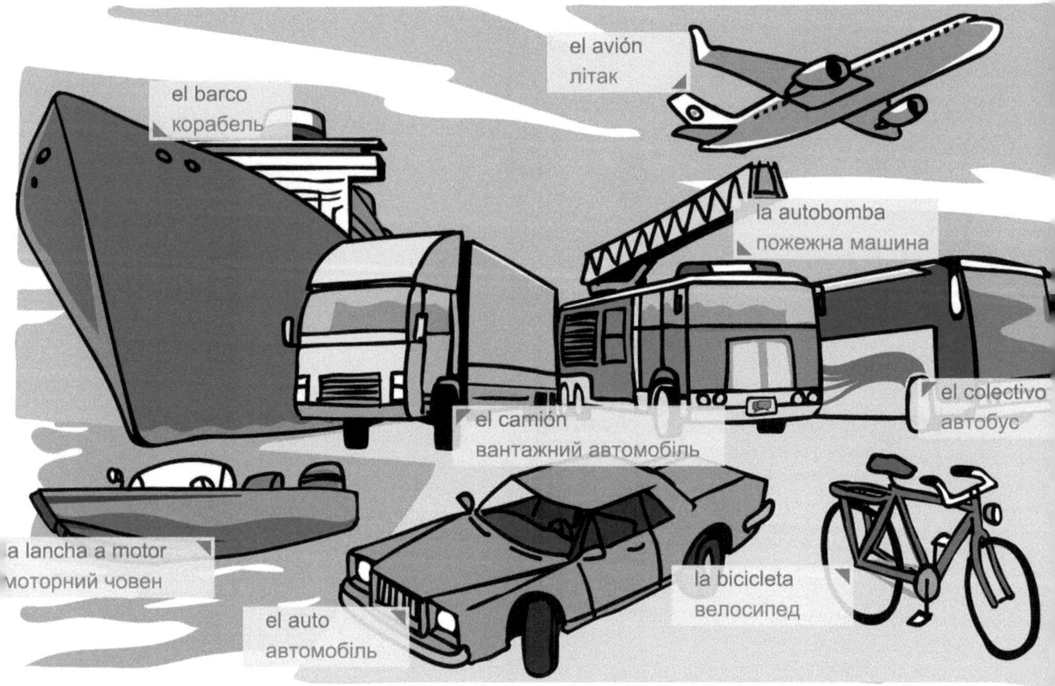

el avión
літак
el barco
корабель
la autobomba
пожежна машина
el colectivo
автобус
el camión
вантажний автомобіль
a lancha a motor
моторний човен
la bicicleta
велосипед
el auto
автомобіль

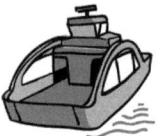

el ferry
пором

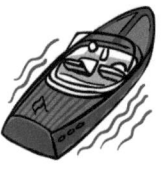

el bote
човен

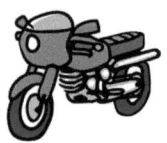

la moto
мотоцикл

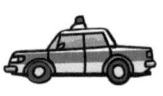

el patrullero
поліцейська машина

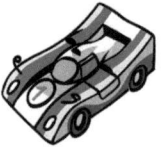

el auto de carreras
гоночний автомобіль

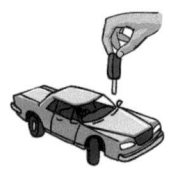

el auto de alquiler
автомобіль на прокат

el alquiler de autos

ільне користування авто

la grúa

евакуатор

el camión de la basura

сміттєвоз

el motor

двигун

la nafta

паливо

la estación de servicio

автозаправна станція

la señal de tránsito

дорожній знак

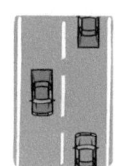

el tránsito

рух

el embotellamiento

затор

el estacionamiento

стоянка

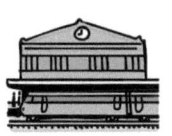

la estación de tren

вокзал

las vías

рейки

el tren

потяг

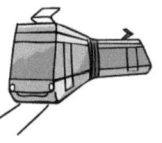

el tranvía

трамвай

el vagón

вагон

el helicóptero

гелікоптер

el aeropuerto

аеропорт

la torre

вежа

el pasajero

пасажир

el contenedor

контейнер

la caja de cartón

коробка

la carretilla

візок

la canasta

кошик

despegar / aterrizar

стартувати / приземлятися

la ciudad

місто

el pueblo

село

el centro de la ciudad

центр міста

la casa

дім

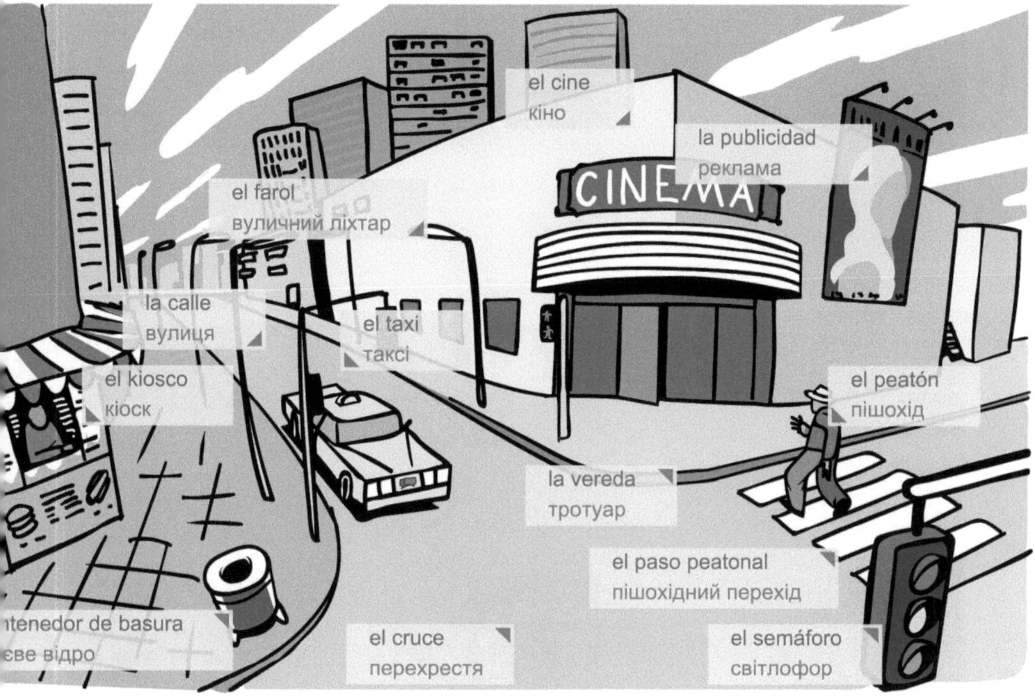

el cine
кіно

la publicidad
реклама

el farol
вуличний ліхтар

la calle
вулиця

el taxi
таксі

el kiosco
кіоск

el peatón
пішохід

la vereda
тротуар

el paso peatonal
пішохідний перехід

ntenedor de basura
єве відро

el cruce
перехрестя

el semáforo
світлофор

la cabaña
хатина

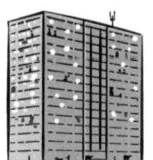

el departamento
квартира

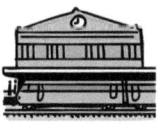

la estación de tren
вокзал

la municipalidad
ратуша

el museo
музей

el colegio
школа

la ciudad - місто

la universidad

університет

el banco

банк

el hospital

лікарня

el hotel

готель

la farmacia

аптека

la oficina

офіс

la librería

книжковий магазин

el negocio

магазин

la florería

квітковий магазин

el supermercado

супермаркет

el mercado

ринок

las grandes tiendas

універмаг

la pescadería

торговець рибою

el centro comercial

торговельний центр

el puerto

гавань

el parque

парк

el banco

лава

el puente

міст

las escaleras

сходи

el subte

метро

el túnel

тунель

la parada del colectivo

автобусна зупинка

el bar

бар

el restaurante

ресторан

el buzón

поштова скринька

el letrero

вулична табличка

el parquímetro

лічильник паркування

el zoológico

зоопарк

la pileta

басейн

la mezquita

мечеть

la granja

ферма

la contaminación

забруднення
навколишнього
середовища

el cementerio

кладовище

la iglesia

церква

los juegos infantiles

дитячий майданчик

el templo

храм

el paisaje

ландшафт

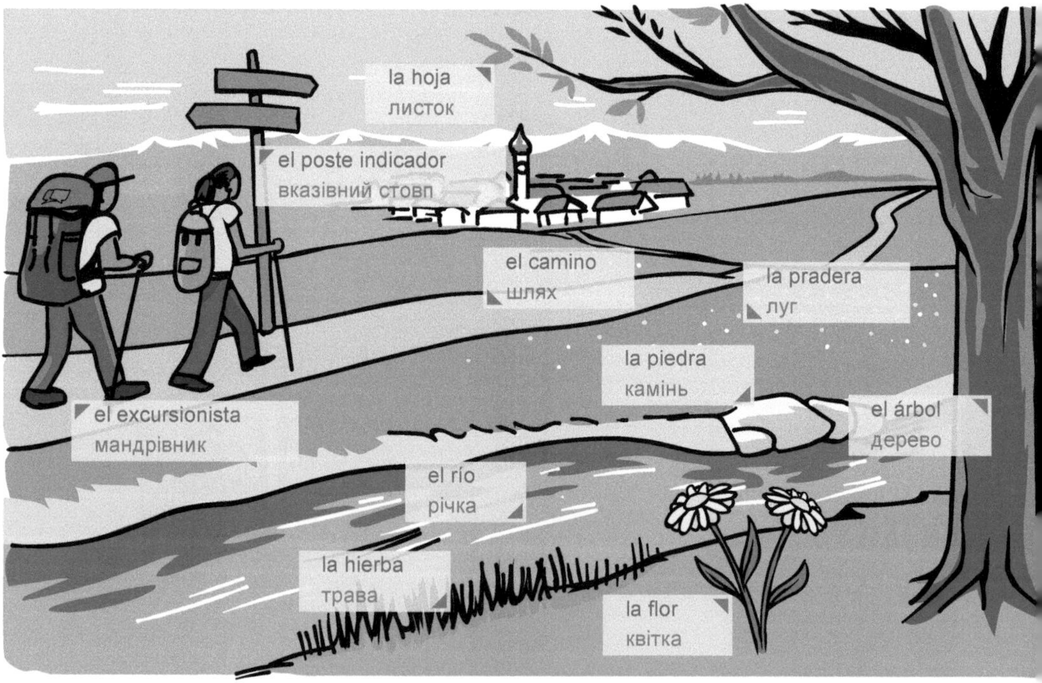

la hoja
листок

el poste indicador
вказівний стовп

el camino
шлях

la pradera
луг

la piedra
камінь

el excursionista
мандрівник

el árbol
дерево

el río
річка

la hierba
трава

la flor
квітка

el valle

долина

la montaña

гора

el lago

озеро

el bosque

ліс

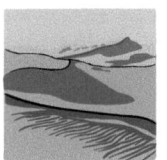

el desierto

пустеля

el volcán

вулкан

el castillo

замок

el arco iris

веселка

el champiñón

гриб

la palmera

пальма

el mosquito

комар

la mosca

муха

la hormiga

мурашка

la abeja

бджола

la araña

павук

el paisaje - ландшафт

el escarabajo

жук

la rana

жаба

la ardilla

вивірка

el erizo

їжак

la liebre

заєць

la lechuza

сова

el pájaro

птах

el cisne

лебідь

el jabalí

кабан

el ciervo

олень

el alce

лось

la presa

гребля

el aerogenerador

вітряк

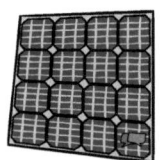

el panel solar

сонячний модуль

el clima

клімат

el restaurante
ресторан

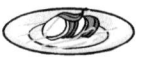

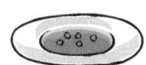

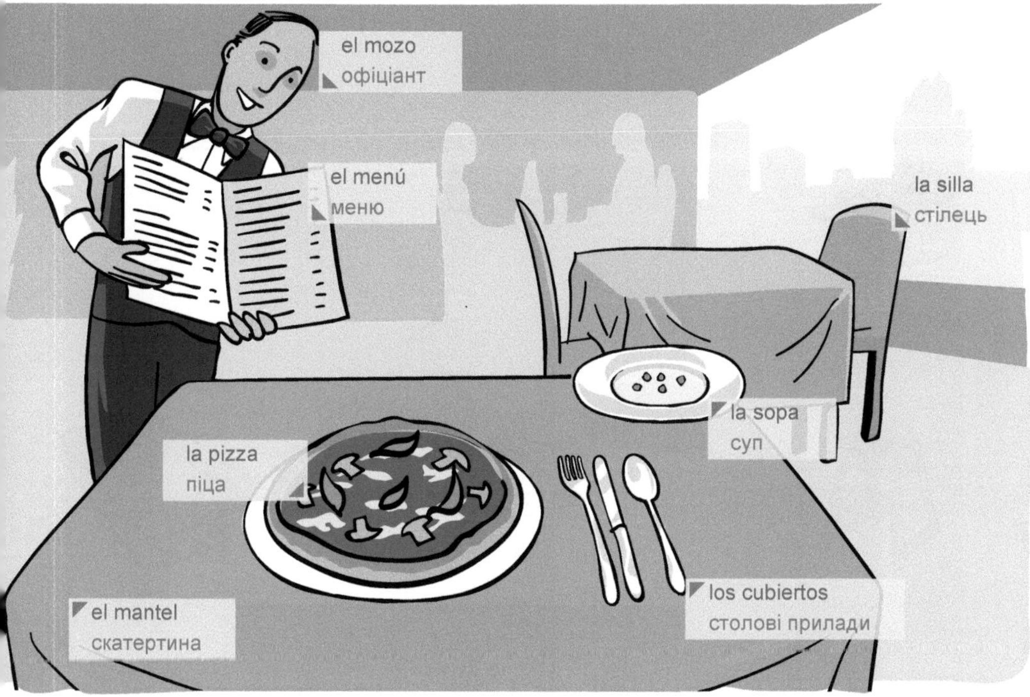

el mozo
офіціант
el menú
меню
la silla
стілець
la sopa
суп
la pizza
піца
los cubiertos
столові прилади
el mantel
скатертина

la entrada

закуска

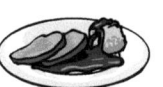

el plato principal

друга страва

el postre

десерт

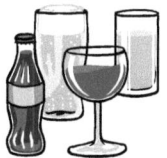

las bebidas

напої

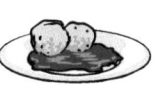

la comida

їжа

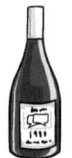

la botella

пляшка

la comida rápida

фаст-фуд

la comida callejera

вулична їжа

la tetera

чайник

la azucarera

цукорниця

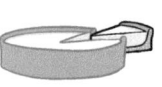

la porción

порція

la cafetera expreso

еспресо-машина

la sillita alta

високий стільчик

la cuenta

рахунок

la bandeja

піднос

el cuchillo

ніж

el tenedor

вилка

la cuchara

ложка

la cucharita

чайна ложка

la servilleta

серветка

el vaso

склянка

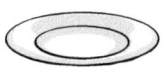

el plato

тарілка

el plato hondo

тарілка для супу

el plato

блюдце

la salsa

соус

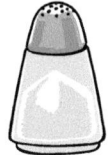

el salero

солонка

el molinillo de pimienta

млин для перцю

el vinagre

оцет

el aceite

масло

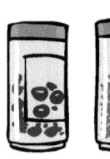

las especias

спеції

el kétchup

кетчуп

la mostaza

гірчиця

la mayonesa

майонез

el supermercado

супермаркет

la oferta especial
пропозиція
FOR
el cliente
клієнт
los lácteos
молочні продукти
la fruta
фрукти
el changuito
візок для покупок

BUTCHERS

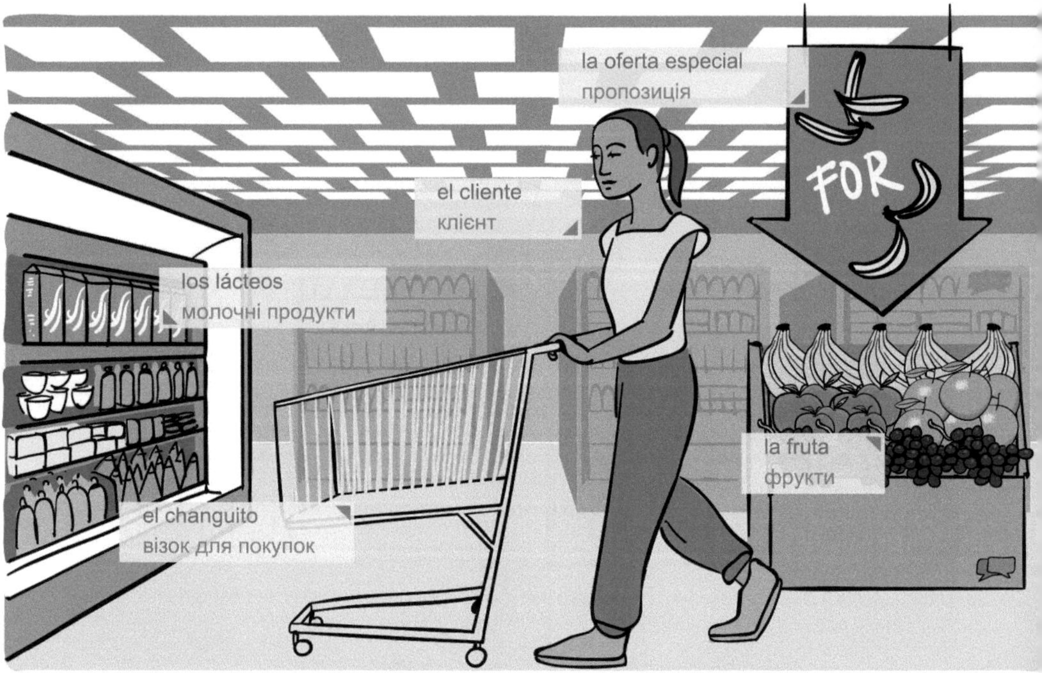

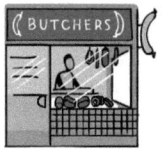

la carnicería

м'ясний магазин

BAKERY

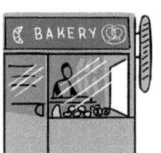

la panadería

пекарня

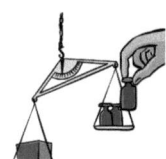

pesar

зважувати

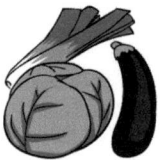

las verduras

овочі

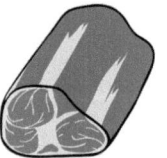

la carne

м'ясо

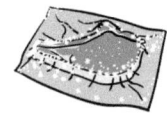

los alimentos congelados

заморожені продукти

los fiambres

ковбасна нарізка

los alimentos enlatados

консерви

el detergente en polvo

пральний порошок

las golosinas

солодощи

los electrodomésticos

предмети домашнього побуту

los productos de limpieza

мийний засіб

la vendedora

продавщиця

la caja

каса

el cajero

касир

la lista de compras

список покупок

el horario de atención

часи роботи

la billetera

гаманець

la tarjeta de crédito

кредитна картка

la cartera

сумка

la bolsa de plástico

поліетиленовий пакет

el agua

вода

el jugo

сік

la leche

молоко

la bebida cola

кола

el vino

вино

la cerveza

пиво

el alcohol

алкоголь

el cacao

какао

el té

чай

el café

кава

el café expreso

еспресо

el cappuccino

капучіно

la banana

банан

la manzana

яблуко

la naranja

апельсин

el melón

кавун

el limón

лимон

la zanahoria

морква

el ajo

часник

el bambú

бамбук

la cebolla

цибуля

el champiñón

гриб

las nueces

горішки

los fideos

локшина

los tallarines

спагеті

el arroz

рис

la ensalada

салат

las papas fritas

картопля фрі

las papas fritas

смажена картопля

la pizza

піца

la hamburguesa

гамбургер

el sándwich

бутерброд

el churrasco

шніцель

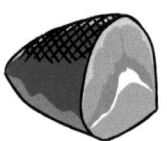

el jamón

шинка

el salame

салямі

la salchicha

ковбаса

el pollo

курка

el asado

печеня

el pescado

риба

los copos de avena

вівсяні пластівці

el muesli

мюслі

los copos de maíz

кукурудзяні пластівці

la harina

борошно

la medialuna

круасан

el pancito

булочка

el pan

хліб

la tostada

тостовий хліб

las galletitas

печиво

la manteca

масло

la cuajada

сир

la torta

пиріг

el huevo

яйце

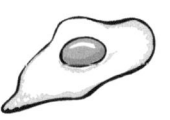

el huevo frito

яєчня

el queso

сир

el helado

морозиво

el azúcar

цукор

la miel

мед

la mermelada

мармелад

la pasta de chocolate

нуга-крем

el curry

карі

la granja
сільський будинок

el granero
комора

el fardo de paja
солом'яні тюки

el campo
поле

el caballo
кінь

el remolque
причіп

el potrillo
лоша

el tractor
трактор

el burro
віслюк

el cordero
ягня

la oveja
вівця

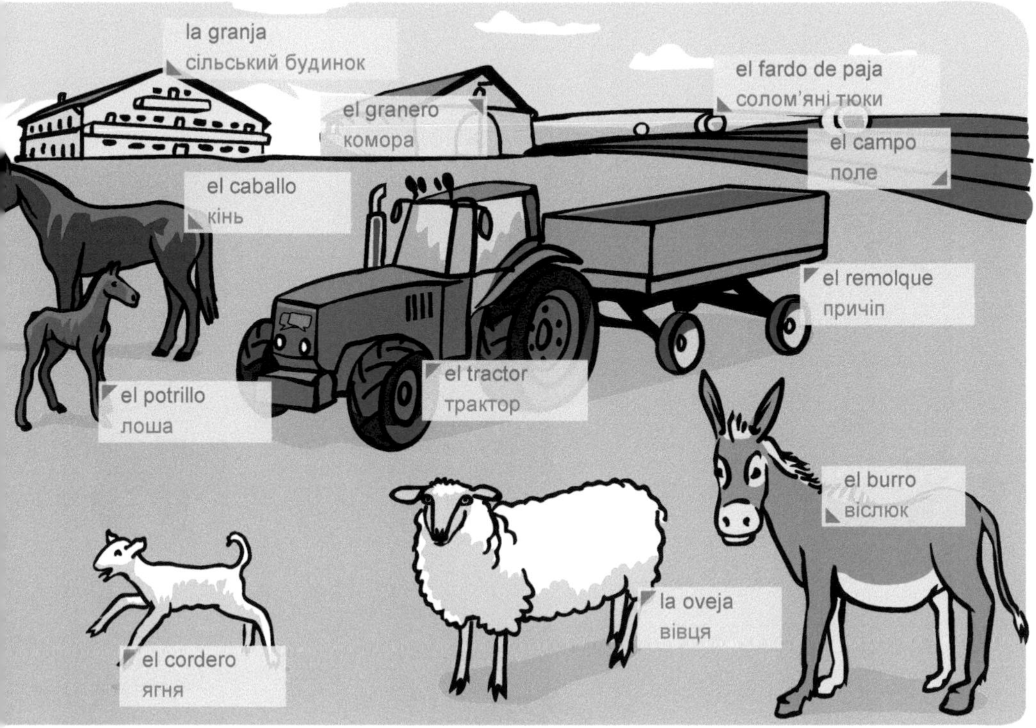

la cabra
коза

la vaca
корова

el ternero
теля

el cerdo
свиня

el lechón
порося

el toro
бик

la granja - ферма

27

el ganso

гусак

el pato

качка

el pollo

курча

la gallina

курка

el gallo

півень

la rata

щур

el gato

кіт

el ratón

миша

el buey

віл

el perro

собака

la cucha

собача будка

la manguera

садовий шланг

la regadera

лійка

la guadaña

коса

el arado

плуг

la hoz

серп

la azada

мотика

la horquilla

вила

el hacha

сокира

la carretilla

тачка

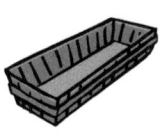

el abrevadero

корито

la lechera

бідон молока

la bolsa

мішок

la reja

паркан

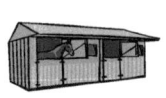

el establo

хлів

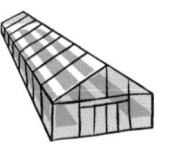

el invernadero

теплиця

el suelo

ґрунт

la semilla

насіння

el fertilizador

добриво

la cosechadora

комбайн

cosechar

пожинати

la cosecha

урожай

las batatas

корінь ямсу

el trigo

пшениця

la soja

соя

la papa

картопля

el maíz

кукурудза

la semilla de colza

ріпак

el árbol frutal

плодове дерево

la mandioca

маніок

los cereales

злаки

la casa
дім

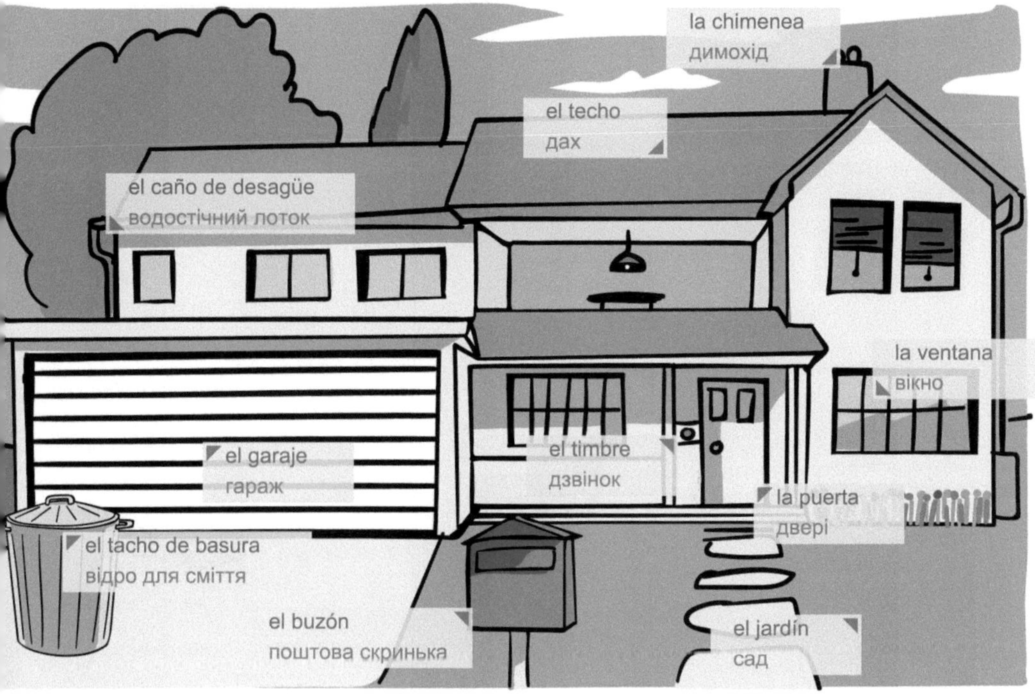
la chimenea
димохід
el techo
дах
el caño de desagüe
водостічний лоток
la ventana
вікно
el garaje
гараж
el timbre
дзвінок
la puerta
двері
el tacho de basura
відро для сміття
el buzón
поштова скринька
el jardín
сад

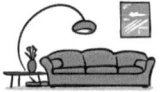

el living

вітальня

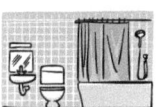

el baño

ванна кімната

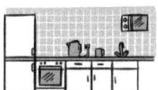

la cocina

кухня

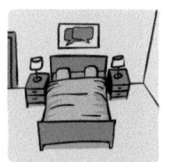

el dormitorio

спальня

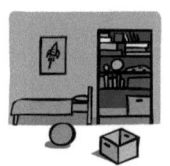

el cuarto de los chicos

дитяча кімната

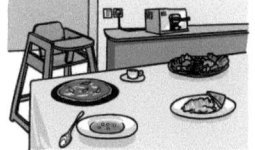

el comedor

їдальня

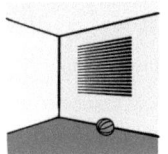

el piso

підлога

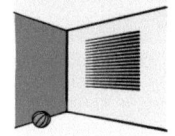

la pared

стіна

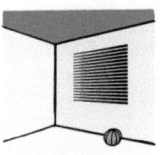

el cielorraso

стеля

el sótano

підвал

el sauna

сауна

el balcón

балкон

la terraza

тераса

la pileta

басейн

la cortadora de pasto

косарка

la sábana

простирало

el acolchado

ковдра

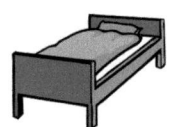

la cama

ліжко

la escoba

мітла

el balde

відро

el interruptor

перемикач

el living
вітальня

el empapelado
шпалери
la imagen
малюнок
la lámpara
лампа
el estante
поличка
el armario
шафа
la televisión
телевізор
la chimenea
камін
la flor
квітка
el almohadón
подушка
el sofá
диван
el florero
ваза
el control remoto
пульт

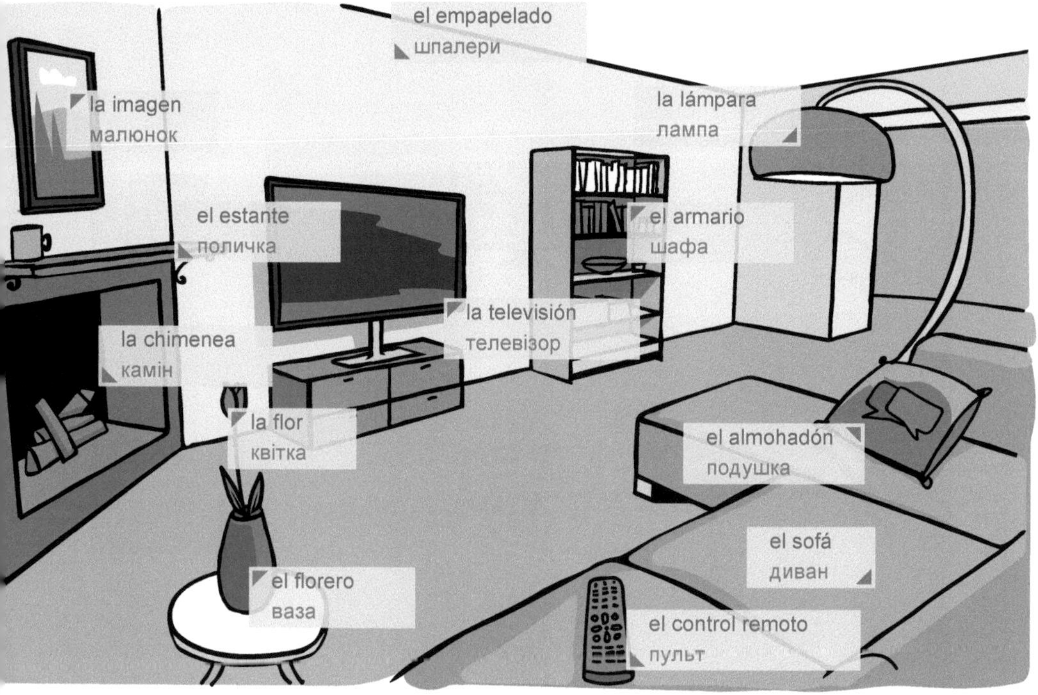

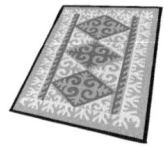

la alfombra

килим

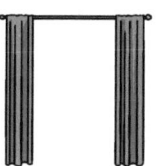

la cortina

завіса

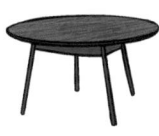

la mesa

стіл

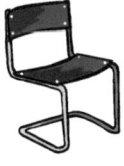

la silla

стілець

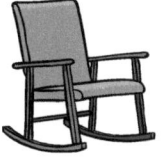

la mecedora

крісло-гойдалка

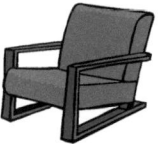

el sillón

крісло

el libro

книга

la frazada

ковдра

la decoración

прикраса

la leña

дрова

la película

фільм

el equipo de música

стереосистема

la llave

ключ

el diario

газета

la pintura

картина

el póster

плакат

la radio

радіо

el cuaderno

блокнот

la aspiradora

пилосос

el cactus

кактус

la vela

свічка

la cocina
кухня

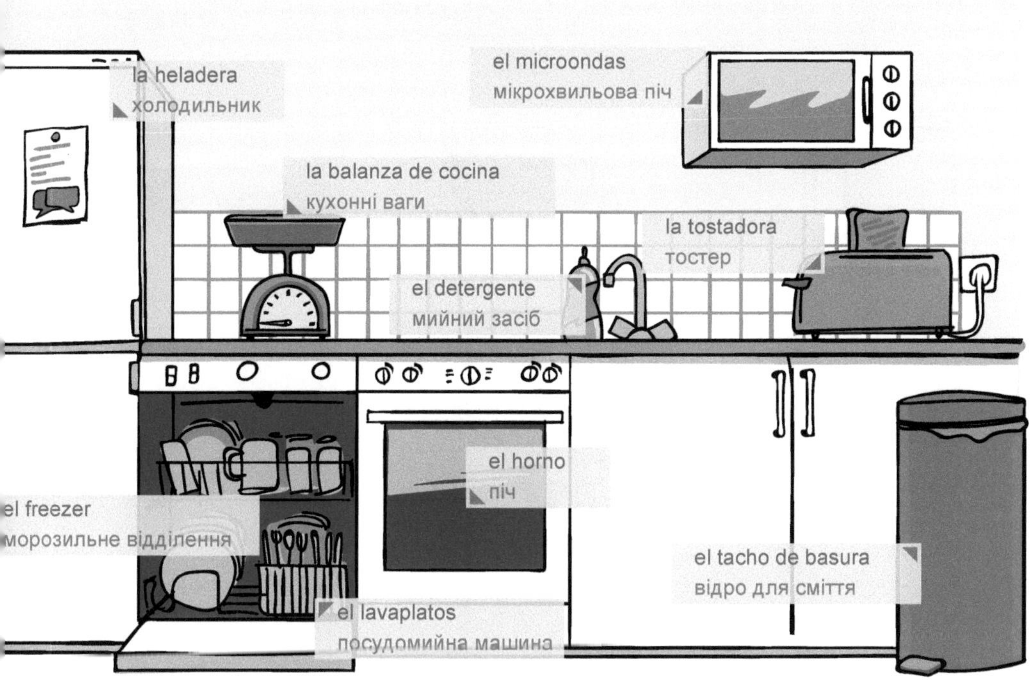
la heladera
холодильник
el microondas
мікрохвильова піч
la balanza de cocina
кухонні ваги
la tostadora
тостер
el detergente
мийний засіб
el horno
піч
el freezer
морозильне відділення
el tacho de basura
відро для сміття
el lavaplatos
посудомийна машина

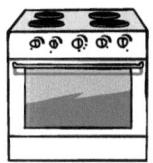

la cocina

плита

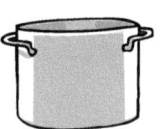

la olla

горщик

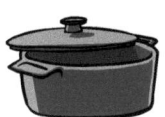

la olla de hierro fundido

чавунний горщик

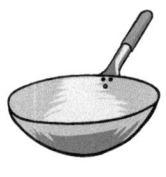

el wok

вок / кадай

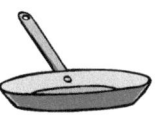

la sartén

сковорода

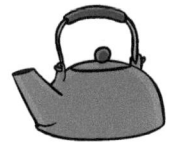

la pava

чайник

la vaporera

пароварка

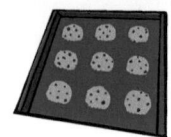

la bandeja de horno

лист

la vajilla

посуд

la taza

кухоль

el bol

чаша

los palitos

палички для їжі

el cucharón

черпак

la espátula

лопатка

la batidora

вінчик для збивання

el colador

сито

el colador

сито

el rallador

терка

el mortero

ступка

la parrilla

барбекю

la fogata

багаття

la tabla de picar

дошка

el palo de amasar

качалка

el sacacorchos

штопор

la lata

консерва

el abrelatas

відкривачка

la manopla

прихватки

la pileta

раковина

el cepillo

щітка

la esponja

губка

la batidora

міксер

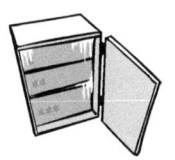

el congelador

морозильна камера

la mamadera

дитяча пляшка

la canilla

кран

el baño

ванна кімната

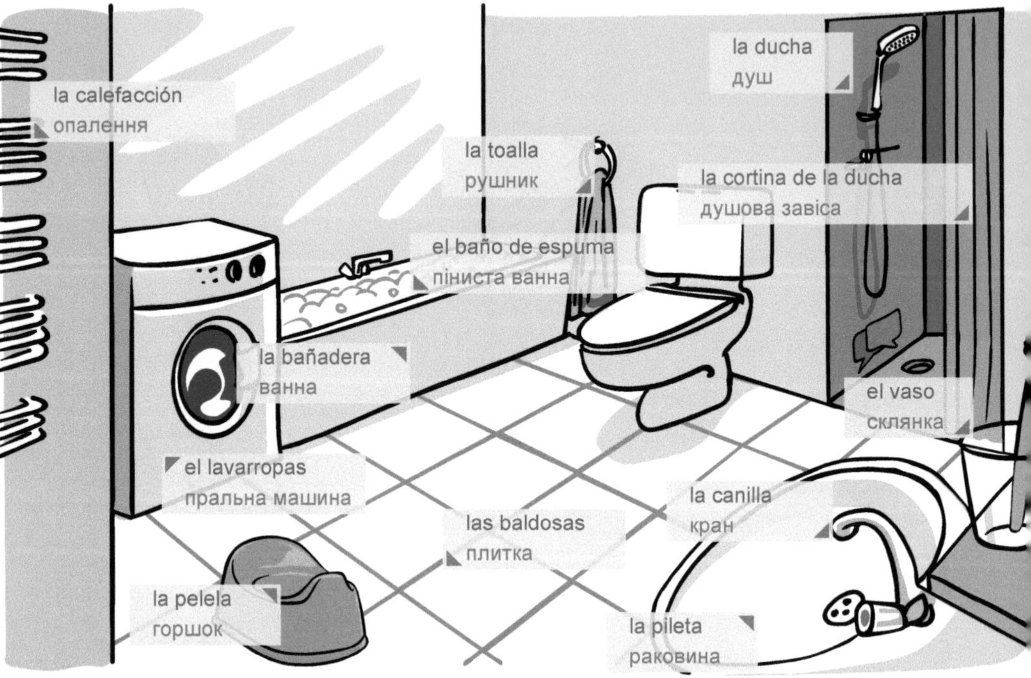
la calefacción
опалення
la ducha
душ
la toalla
рушник
la cortina de la ducha
душова завіса
el baño de espuma
пiниста ванна
la bañadera
ванна
el vaso
склянка
el lavarropas
пральна машина
la canilla
кран
las baldosas
плитка
la pelela
горшок
la pileta
раковина

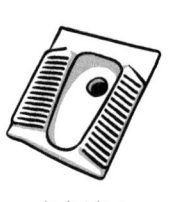

el inodoro

туалет

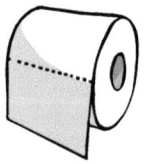

la letrina

підлоговий туалет

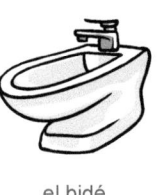

el bidé

біде

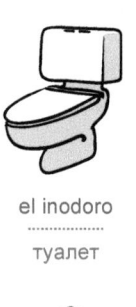

el mingitorio

пісуар

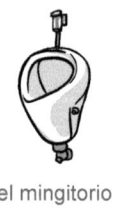

el papel higiénico

туалетний папір

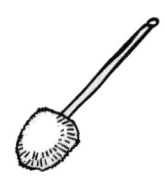

el cepillo para el inodoro

щітка для туалету

el cepillo de dientes

зубна щітка

el dentífrico

зубна паста

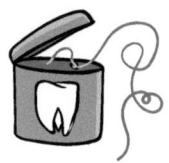

el hilo dental

нитка для чищення зубів

lavar

мити

la ducha de mano

ручний душ

la ducha higiénica

інтимний душ

la palangana

таз

el cepillo para la espalda

щітка для спини

el jabón

мило

el gel de ducha

гель для душу

el shampoo

шампунь

la toallita

мочалка

el desagüe

водостік

la crema

крем

el desodorante

дезодорант

el espejo

дзеркало

el espejito

косметичне дзеркало

la maquinita de afeitar

бритва

la espuma de afeitar

піна для гоління

el aftershave

лосьйон після гоління

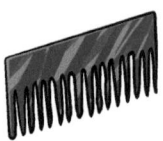

el peine

гребінь

el cepillo

щітка

el secador de pelo

фен

el spray

лак для волосся

el maquillaje

косметика

el lápiz de labios

губна помада

el esmalte para uñas

лак для нігтів

el algodón

вата

la tijera para uñas

ножиці для нігтів

el perfume

парфум

el portacosméticos

косметичка

la banqueta

табурет

la balanza

ваги

la bata

халат

los guantes de goma

гумові рукавички

el tampón

тампон

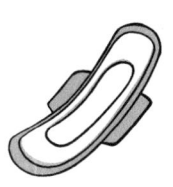

la toallita femenina

гігієнічні прокладки

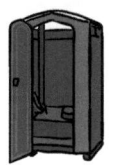

el baño químico

біотуалет

el cuarto de los chicos

дитяча кімната

el despertador
будильник
el peluche
м'яка іграшка
el coche de juguete
іграшковий автомобіль
el sonajero
брязкальце
la casa de muñecas
ляльковий будиночок
el regalo
подарунок

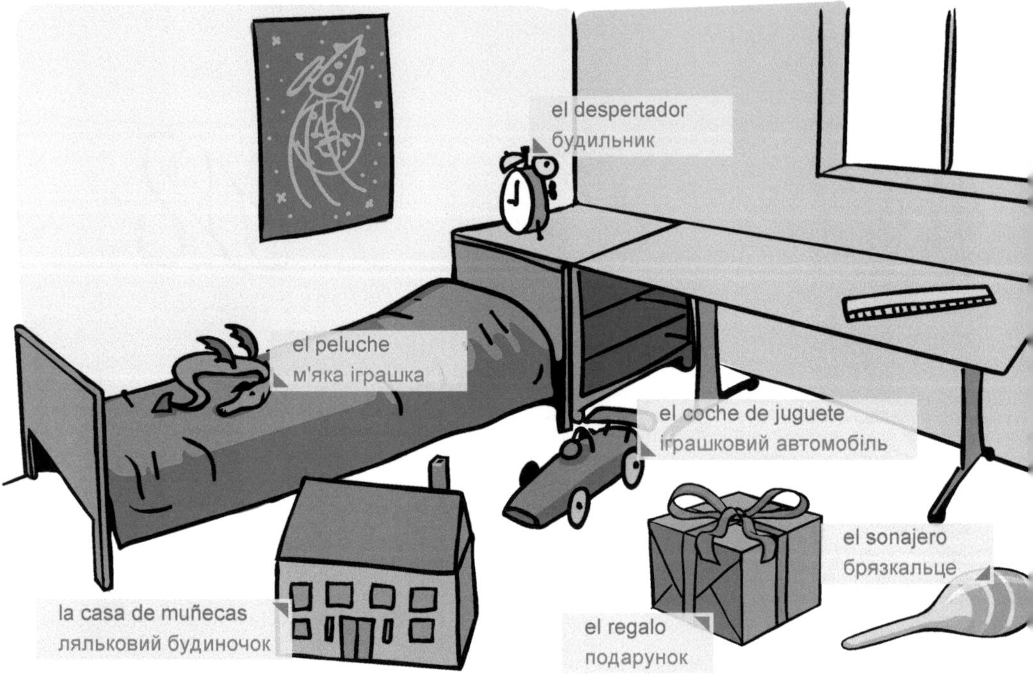

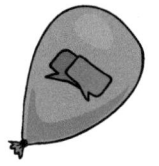

el globo

повітряна кулька

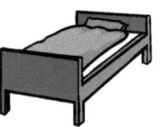

la cama

ліжко

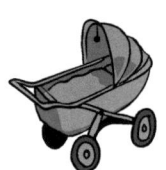

el cochecito

дитячий візок

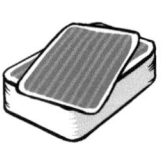

las cartas

картярська гра

el rompecabezas

пазл

SUPER
MEGA

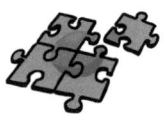

la historieta

комікс

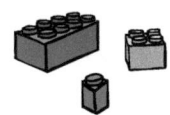

las piezas de lego

лего цеглинки

los ladrillos de juguete

блоки

la figura de acción

іграшкова фігурка

el enterito (de bebé)

повзунки

el frisbee

фризбі

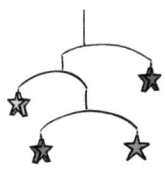

el móvil para bebés

мобіле

el juego de mesa

настільна гра

los dados

кубик

el tren eléctrico

модель залізнична станція

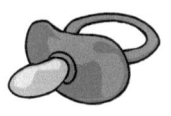

el chupete

соска

la fiesta

вечірка

el libro de cuentos ilustrado

книжка з картинками

la pelota

м'яч

la muñeca

лялька

jugar

грати

el arenero

пісочниця

la hamaca

гойдалка

los juguetes

іграшка

la consola de videojuegos

гральна консоль

el triciclo

триколісний велосипед

el osito de peluche

плюшевий мішка

el armario

шафа

la ropa

одяг

las medias

шкарпетки

las medias panty

панчохи

las calzas

колготки

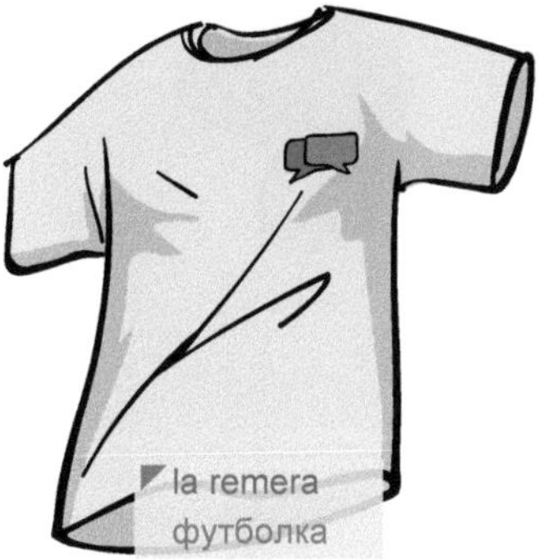

la bufanda
шарф

el cinturón
ремінь

el paraguas
парасоля

la remera
футболка

las zapatillas
кросівки

las botas
чоботи

las pantuflas
домашнє взуття

las sandalias
....
сандалі

los zapatos
....
взуття

las botas de goma
....
гумові чоботи

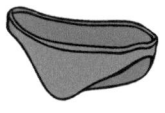

la ropa interior
....
труси

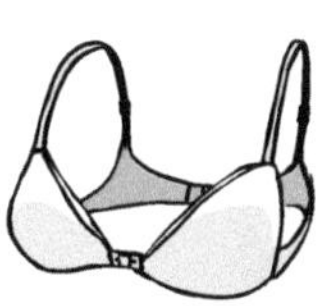

el corpiño
....
бюстгальтер

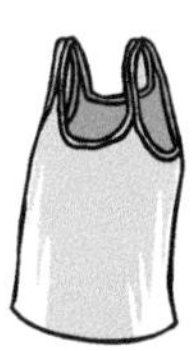

el chaleco
....
нижня сорочка

el body

боді

los pantalones

штани

los jeans

джинси

la pollera

спідниця

la blusa

блузка

la camisa

сорочка

el pulóver

пуловер

el buzo

светр

el blazer

піджак

la campera

куртка

el tapado

пальто

el piloto

дощовик

el traje

костюм

el vestido

сукня

el vestido de novia

весільна сукня

el traje

костюм

el camisón

нічна сорочка

el pijama

піжама

el sari

сарі

el pañuelo para la cabeza

головна хустка

el turbante

чалма

la burka

бурка

el caftán

кафтан

la abaya

абая

el traje de baño

купальник

el short de baño

плавки

los shorts

шорти

el jogging

ренувальний костюм

el delantal

фартух

los guantes

рукавички

el botón

гудзик

los anteojos

окуляри

la pulsera

браслет

el collar

ланцюг

el anillo

кільце

el aro

сережка

la gorra

шапка

la percha

плічка

el sombrero

капелюх

la corbata

краватка

el cierre

застібка-блискавка

el casco

шолом

los tiradores

підтяжки

el uniforme escolar

шкільна форма

el uniforme

уніформа

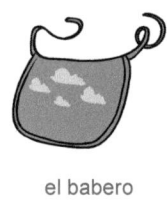

el babero

нагрудник

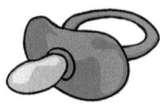

el chupete

соска

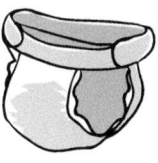

el pañal

підгузок

la oficina

офіс

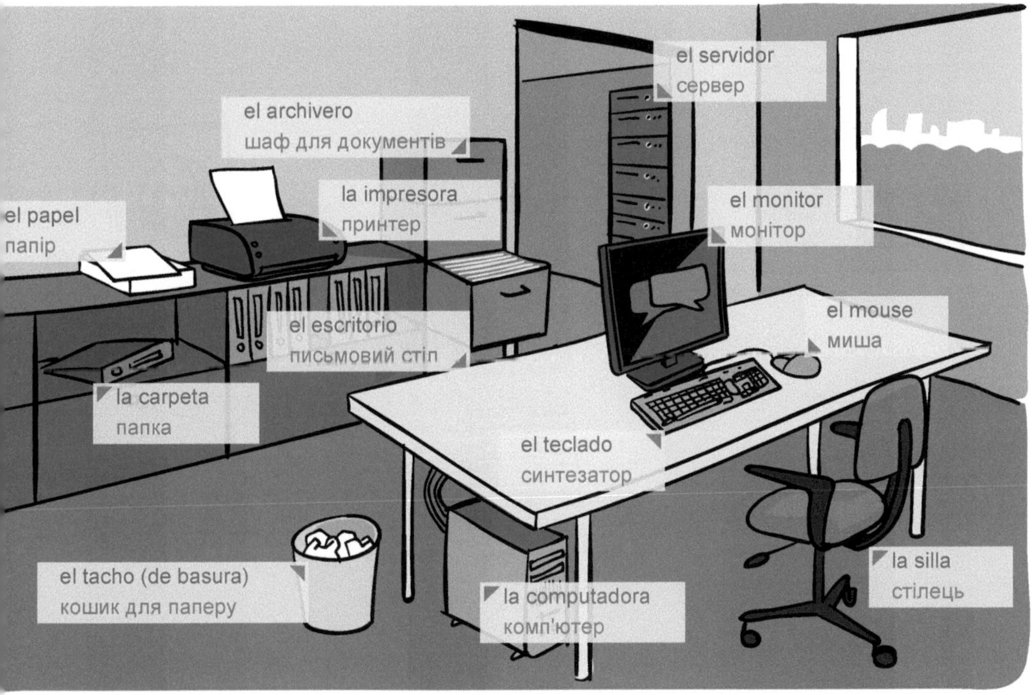

el servidor
сервер
el archivero
шаф для документів
la impresora
принтер
el papel
папір
el monitor
монітор
el mouse
миша
el escritorio
письмовий стіл
la carpeta
папка
el teclado
синтезатор
el tacho (de basura)
кошик для паперу
la computadora
комп'ютер
la silla
стілець

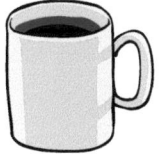

la taza de café

кавовий кухоль

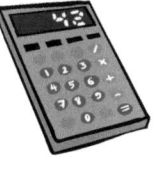

la calculadora

калькулятор

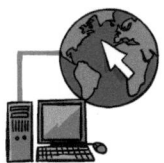

el internet

інтернет

la laptop

ноутбук

la carta

лист

el mensaje

повідомлення

el celular

мобільний телефон

la red

мережа

la fotocopiadora

копіювальний пристрій

el software

програмне забезпечення

el teléfono

телефон

el tomacorriente

розетка

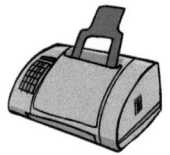

el fax

факс

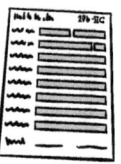

el formulario

бланк

el documento

документ

comprar

купувати

pagar

платити

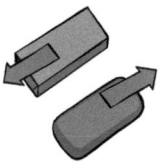

hacer negocios

торгувати

el dinero

гроші

el dólar

долар

el euro

євро

el yen

ієна

el rublo

рубль

el franco suizo

франк

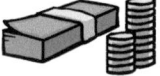

el yuan

юанів женьміньбі

la rupia

рупія

el cajero automático

банкомат

la casa de cambio

обмінний пункт

el oro

золото

la plata

срібло

el petróleo

нафта

la energía

енергія

el precio

ціна

el contrato

контракт

el impuesto

податок

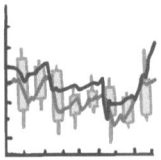

la acción

акція

trabajar

працювати

el empleado

працівник

el empleador

роботодавець

la fábrica

фабрика

el negocio

магазин

las ocupaciones

професії

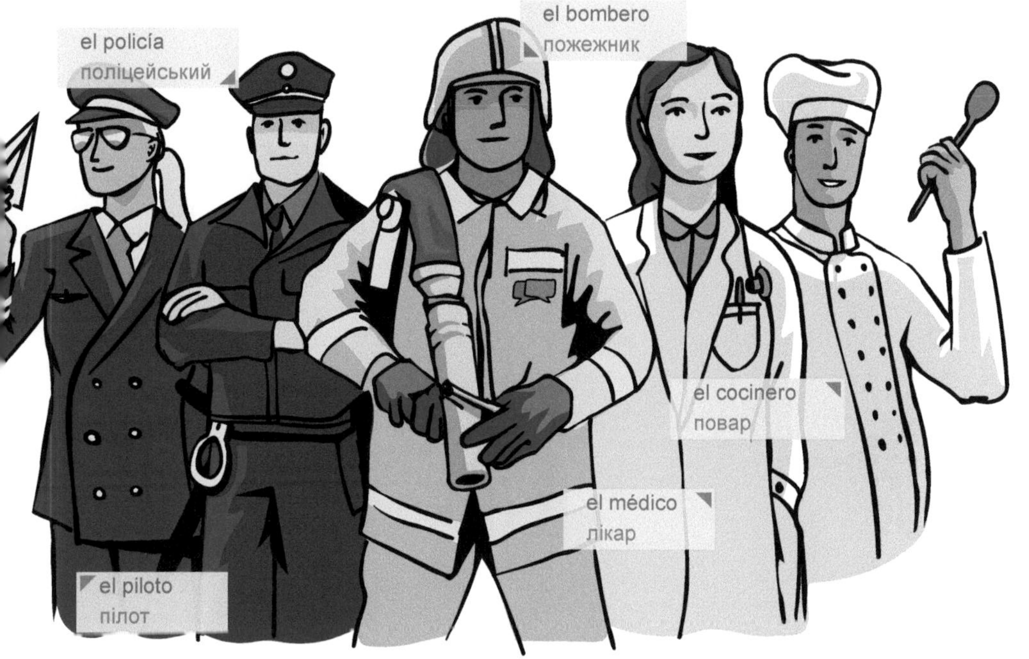
el policía
поліцейський
el bombero
пожежник
el cocinero
повар
el médico
лікар
el piloto
пілот

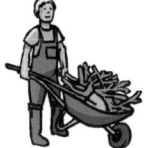

el jardinero

садівник

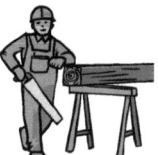

el carpintero

столяр

la modista

швачка

el juez

суддя

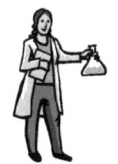

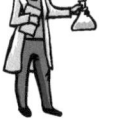

el farmacéutico

хімік

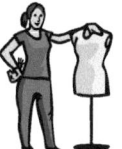

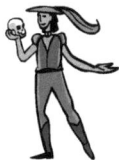

el actor

актор

el colectivero

водій автобуса

el taxista

таксист

el pescador

рибалка

la mucama

прибиральниця

el techista

покрівельник

el mozo

офіціант

el cazador

мисливець

el pintor

художник

el panadero

пекар

el electricista

електрик

el albañil

будівельник

el ingeniero

інженер

el carnicero

забійник

el plomero

бляхар

el cartero

листоноша

el soldado

солдат

el arquitecto

архітектор

el cajero

касир

el florista

флорист

el peluquero

перукар

el cobrador

кондуктор

el mecánico

механік

el capitán

капітан

el dentista

дантист

el científico

вчений

el rabino

рабин

el imán

імам

el monje

монах

el sacerdote

пастор

las herramientas
інструменти

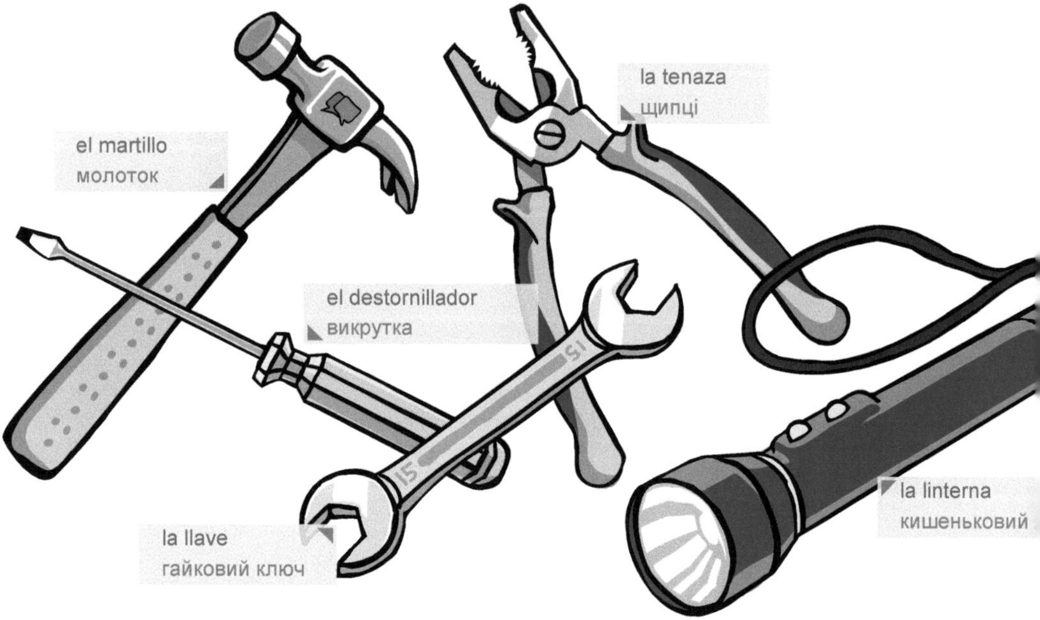

el martillo
молоток
la tenaza
щипці
el destornillador
викрутка
la llave
гайковий ключ
la linterna
кишеньковий

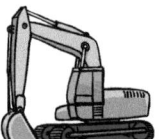

la excavadora

екскаватор

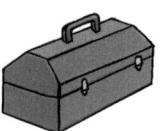

la caja de herramientas

ящик для інструментів

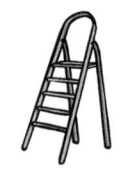

la escalera portátil

драбина

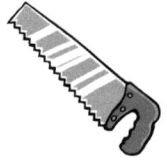

la sierra

пилка

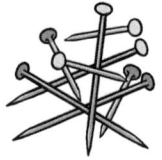

los clavos

цвяхи

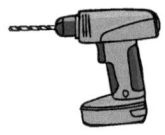

el taladro

свердло

arreglar

ремонтувати

la pala de jardín

лопата

¡Qué bronca!

лайно!

la pala de plástico

совок

el tacho de pintura

відро з фарбою

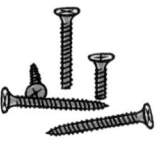

los tornillos

гвинти

los instrumentos musicales
музичні інструменти

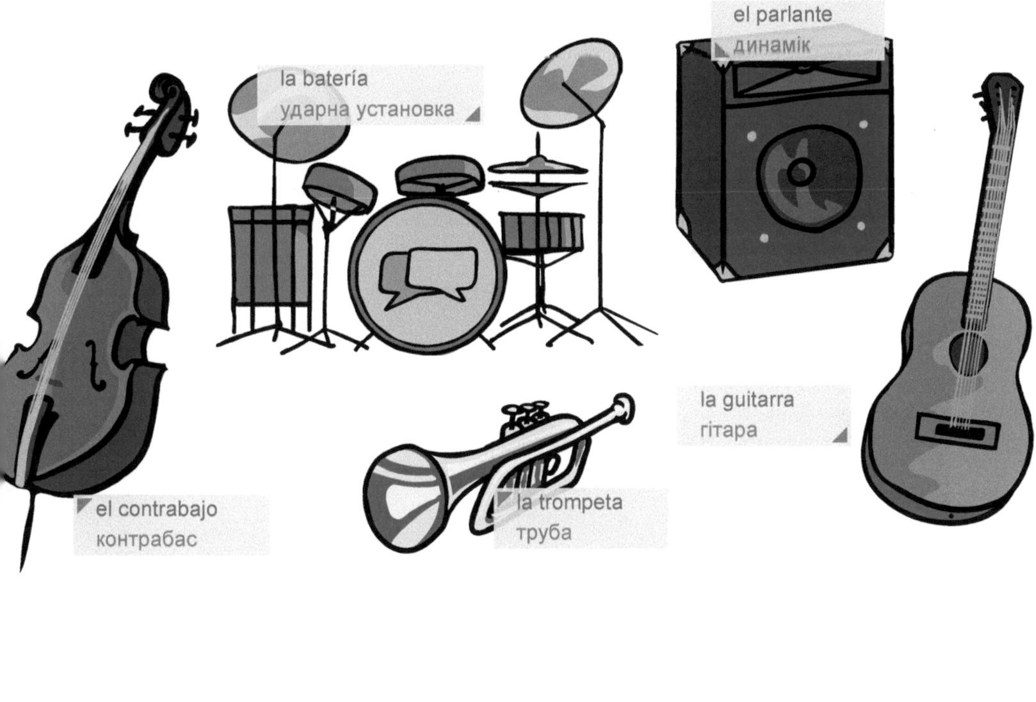

el parlante
динамік

la batería
ударна установка

la guitarra
гітара

el contrabajo
контрабас

la trompeta
труба

el piano

фортепіано

el violín

скрипка

el bajo

бас

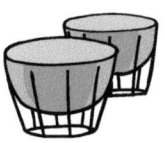

los timbales

литаври

el tambor

барабан

el teclado

клавіатура

el saxofón

саксофон

la flauta

флейта

el micrófono

мікрофон

el zoológico

зоопарк

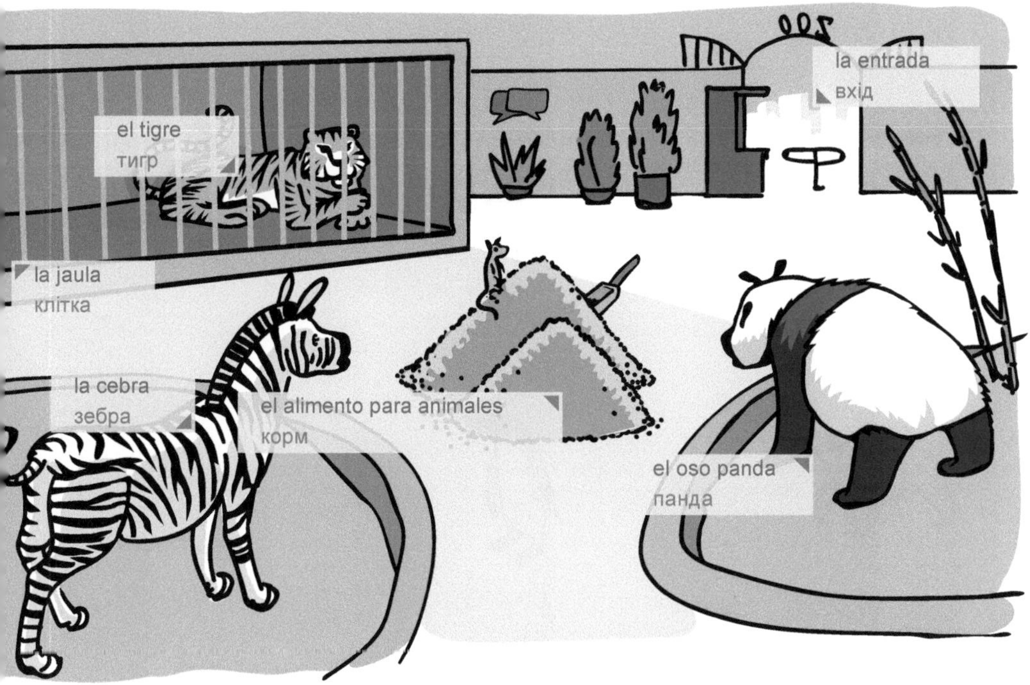

la entrada
вхід
el tigre
тигр
la jaula
клітка
la cebra
зебра
el alimento para animales
корм
el oso panda
панда

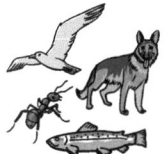

los animales
тварини

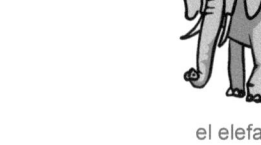

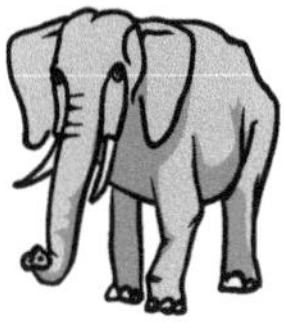
el elefante
слон

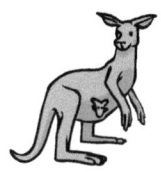

el canguro
кенгуру

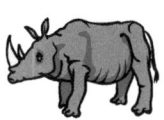

el rinoceronte
носоріг

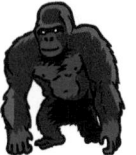

el gorila
горила

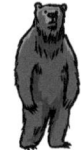

el oso
ведмідь

el camello

верблюд

el avestruz

страус

el león

лев

el mono

мавпа

el flamenco

фламінго

el loro

папуга

el oso polar

білий ведмідь

el pingüino

пінгвін

el tiburón

акула

el pavo real

павич

la serpiente

змія

el cocodrilo

крокодил

el cuidador del zoológico

працівник зоопарку

la foca

тюлень

el jaguar

ягуар

el zoológico - зоопарк

el poni

поні

el leopardo

леопард

el hipopótamo

гіпопотам

la jirafa

жираф

el águila

орел

el jabalí

кабан

el pescado

риба

la tortuga

черепаха

la morsa

морж

el zorro

лисиця

la gacela

газель

el fútbol americano
американський футбол

el ciclismo
їзда на велосипеді

el tenis
теніс

el básquet
баскетбол

la natación
плавання

el boxeo
бокс

el hockey sobre hielo
хокей

el fútbol
·················
футбол

el bádminton
·················
бадмінтон

el atletismo
·················
легка атлетика

el handball
·················
гандбол

el esquí
·················
лижні перегони

el polo
·················
поло

las actividades

дії

saltar
стрибати
abrazar
обіймати
reír
сміятися
caminar
йти
cantar
співати
soñar
мріяти
rezar
молитися
besar
цілувати

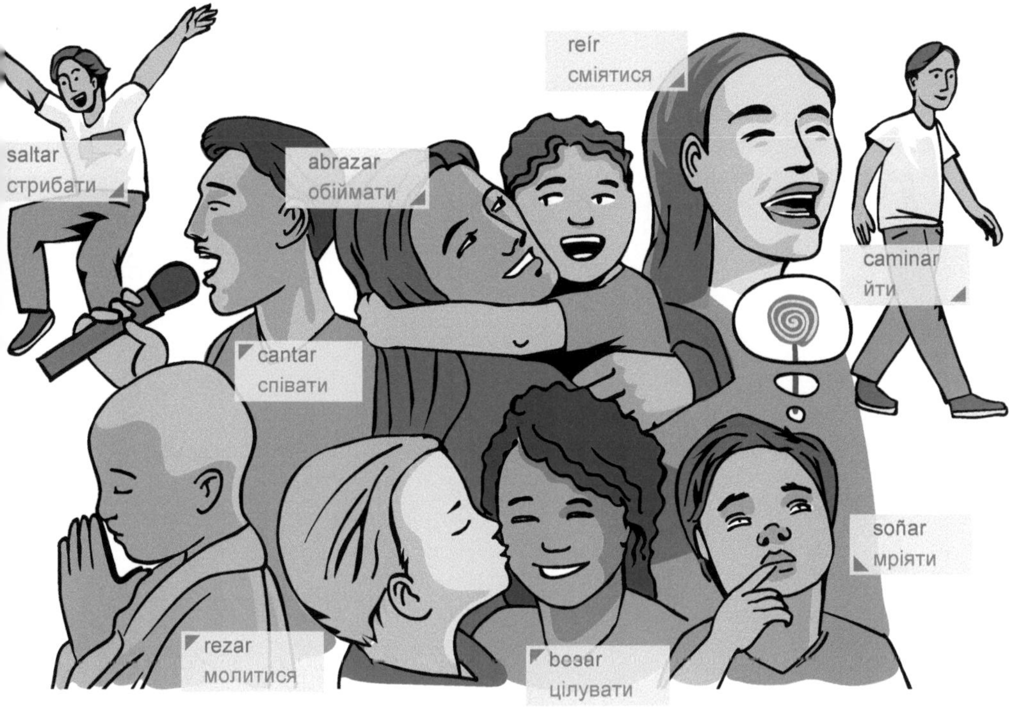

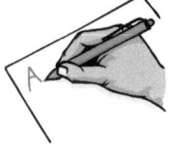

escribir

писати

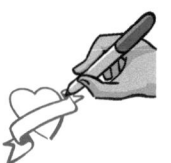

dibujar

малювати

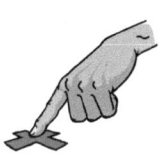

mostrar

показувати

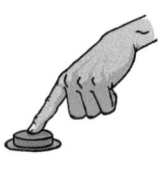

presionar

тиснути

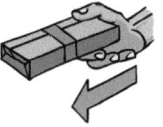

dar

давати

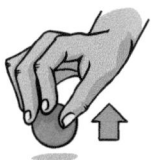

tomar

брати

tener

мати

hacer

робити

ser

бути

estar parado

стояти

correr

бігати

tirar

тягнути

tirar

кидати

caer

падати

estar acostado

лежати

esperar

очікувати

llevar

носити

estar sentado

сидіти

vestirse

одягати

dormir

спати

despertar

просипатися

mirar

дивитися

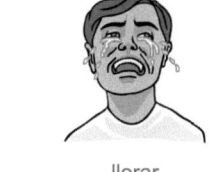

llorar

плакати

acariciar

гладити

peinar

розчісувати

hablar

розмовляти

entender

розуміти

preguntar

питати

escuchar

слухати

beber

пити

comer

їсти

ordenar

прибирати

amar

любити

cocinar

варити

manejar

їхати

volar

літати

navegar

йти під вітрилом

calcular

рахувати

leer

читати

aprender

вчитися

trabajar

працювати

casarse

одружуватися

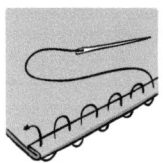

coser

шити

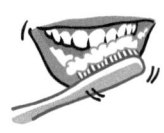

cepillarse los dientes

чистити зуби

matar

убивати

fumar

курити

enviar

посилати

la familia
сім'я

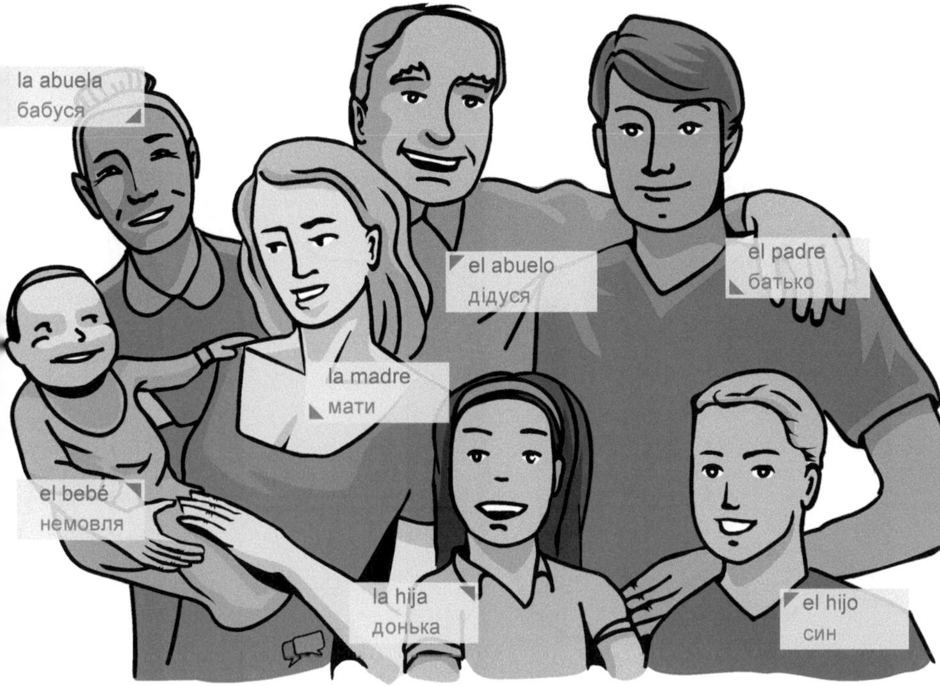
la abuela
бабуся
el abuelo
дідуся
el padre
батько
la madre
мати
el bebé
немовля
la hija
донька
el hijo
син

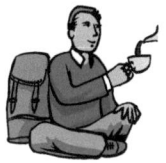

el invitado

гість

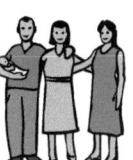

la tía

тітка

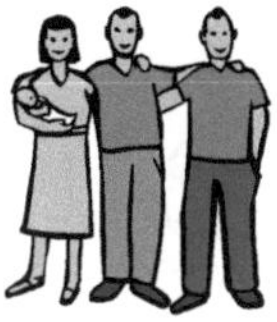

el tío

дядько

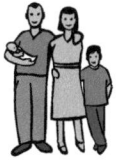

el hermano

брат

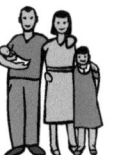

la hermana

сестра

el cuerpo

тіло

la frente
чоло
el ojo
око
el hombro
плече
el dedo
палець
la cara
обличчя
la pera
підборіддя
la mano
кисть
la pierna
нога
el pecho
груди
el brazo
рука

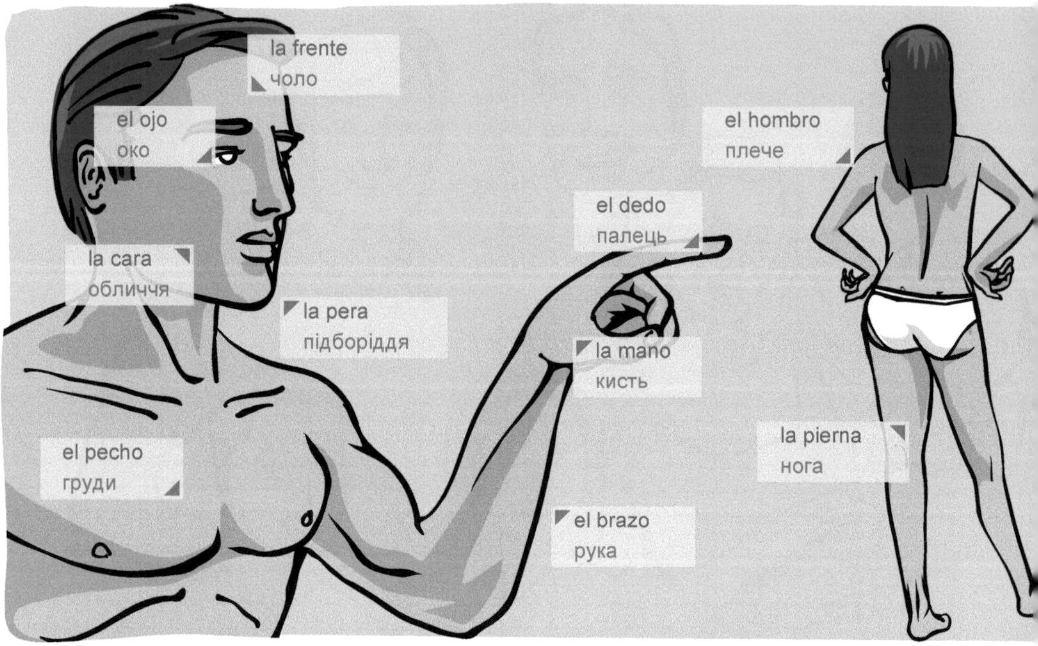

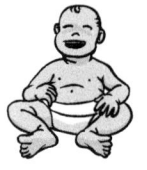

el bebé

немовля

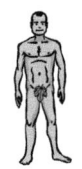

el hombre

чоловік

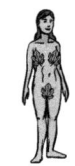

la mujer

жінка

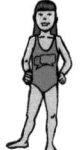

la nena

дівчина

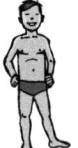

el nene

хлопчик

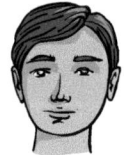

la cabeza

голова

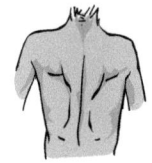

la espalda

спина

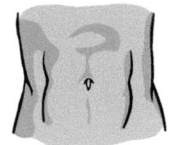

la panza

живіт

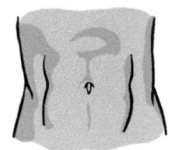

el ombligo

пуп

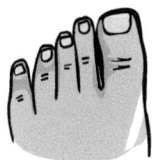

el dedo del pie

палець ноги

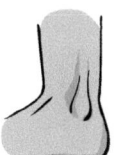

el talón

п'ята

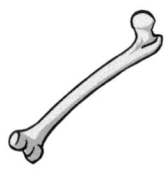

el hueso

кістка

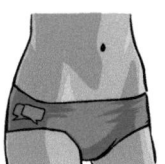

la cadera

стегно

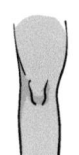

la rodilla

коліно

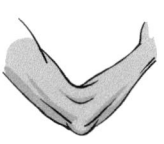

el codo

лікоть

la nariz

ніс

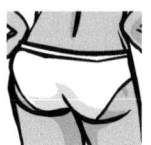

la cola

сідниці

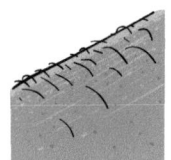

la piel

шкіра

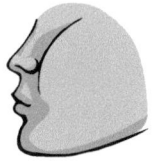

el cachete

щока

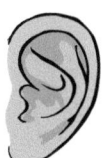

la oreja

вухо

el labio

губа

la boca

рот

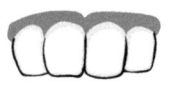

el diente

зуб

la lengua

язик

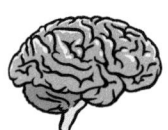

el cerebro

мозок

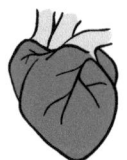

el corazón

серце

el músculo

м'яз

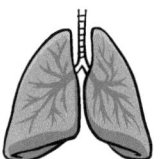

el pulmón

легені

el hígado

печінка

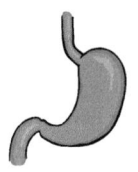

el estómago

шлунок

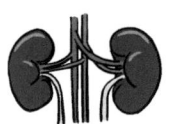

los riñones

нирки

el sexo

статевий акт

el preservativo

презерватив

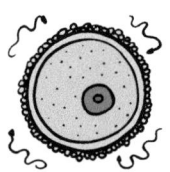

el óvulo

яйцеклітина

el semen

сперма

el embarazo

вагітність

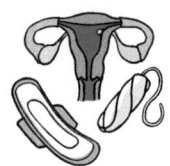

la menstruación

менструація

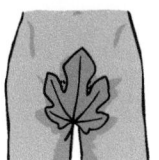

la vagina

вагіна

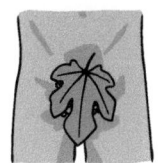

el pene

пеніс

la ceja

брова

el pelo

волосся

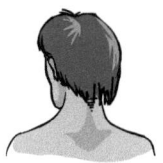

el cuello

шия

el hospital
лікарня

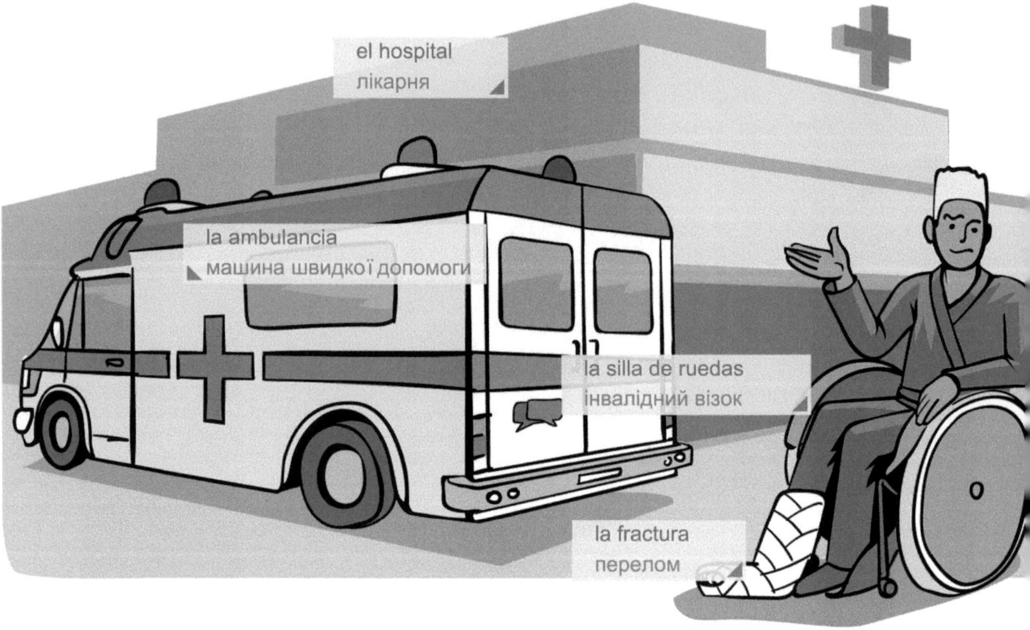

el hospital
лікарня
la ambulancia
машина швидкої допомоги
la silla de ruedas
інвалідний візок
la fractura
перелом

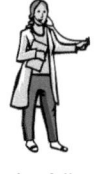

el médico

лікар

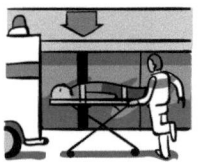

la sala de guardia

відділення швидкої медичної допомоги

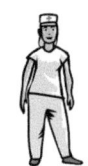

la enfermera

медсестра

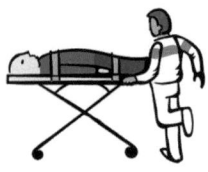

la emergencia

аварійний випадок

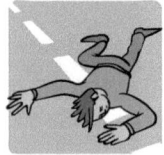

inconsciente

непритомний

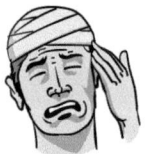

el dolor

біль

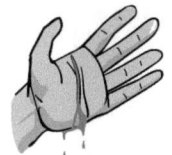

la lesión

травма

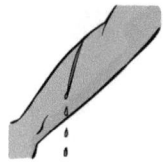

la hemorragia

кровотеча

el infarto

інфаркт

el ACV

інсульт

la alergia

алергія

la tos

кашель

la fiebre

лихоманка

la gripe

грип

la diarrea

пронос

el dolor de cabeza

головна біль

el cáncer

рак

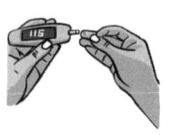

la diabetes

діабет

el cirujano

хірург

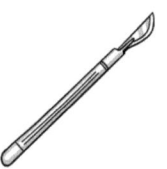

el bisturí

скальпель

la operación

операція

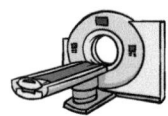

la TC

КТ

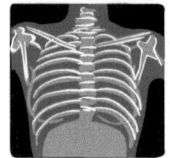

los rayos x

рентген

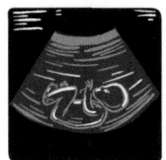

la ecografía

ультразвук

el barbijo

маска

la enfermedad

хвороба

la sala de espera

зал очікування

la muleta

милиця

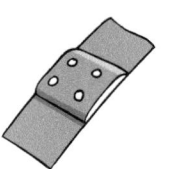

la curita

пластир

la venda

пов'язка

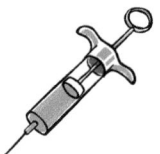

la inyección

ін'єкція

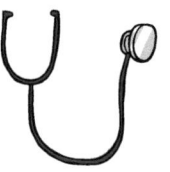

el estetoscopio

стетоскоп

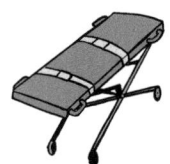

la camilla

ноші

el termómetro

термометр

el nacimiento

народження

el sobrepeso

надмірна вага

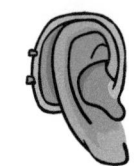

el audífono

слуховий апарат

el desinfectante

дезінфікуючий засіб

la infección

інфекція

el virus

вірус

el VIH / SIDA

ВІЛ / СНІД

el remedio

медицина

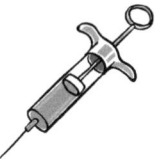

la vacunación

вакцинація

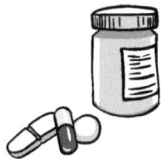

los comprimidos

таблетки

la pastilla anticonceptiva

протизаплідна пігулка

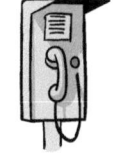

llamada de emergencia

екстрений виклик

el tensiómetro

тонометр

enfermo / sano

хворий / здоровий

la emergencia
аварійний випадок

¡Ayuda!

Допоможіть!

la alarma

сигнал тривоги

la agresión

напад

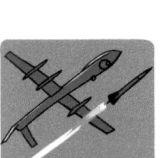

el ataque

атака

el peligro

небезпека

la salida de emergencia

аварійний вихід

¡Fuego!

Вогонь!

el matafuego

вогнегасник

el accidente

аварія

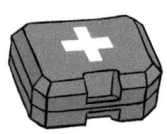

el botiquín de primeros auxilios

аптечка

el SOS

COC

la policía

поліція

Europa

Європа

América del Norte

Північна Америка

América del Sur

Південна Америка

África

Африка

Asia

Азія

Australia

Австралія

el Atlántico

Атлантика

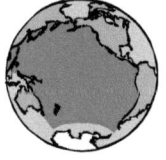

el Pacífico

Тихий океан

el Océano Índico

Індійський океан

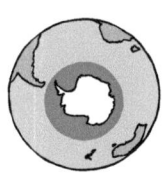

el Océano Antártico

Антарктичний океан

el Océano Ártico

Північний Льодовитий
океан

el polo norte

Північний полюс

el polo sur

Південний полюс

la Antártida

Антарктика

la Tierra

Земля

la tierra

суша

el mar

море

la isla

острів

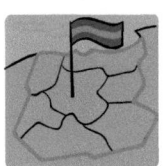

la nación

нація

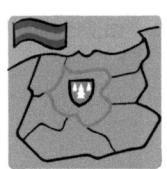

el estado

держава

la esfera

циферблат

la manecilla de las horas

годинникова стрілка

el minutero

хвилинна стрілка

el segundero

секундна стрілка

¿Qué hora es?

Котра година?

el día

день

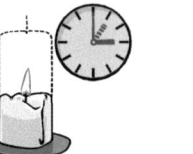

la hora

час

ahora

зараз

el reloj digital

цифровий годинник

el minuto

хвилина

la hora

година

la semana

тиждень

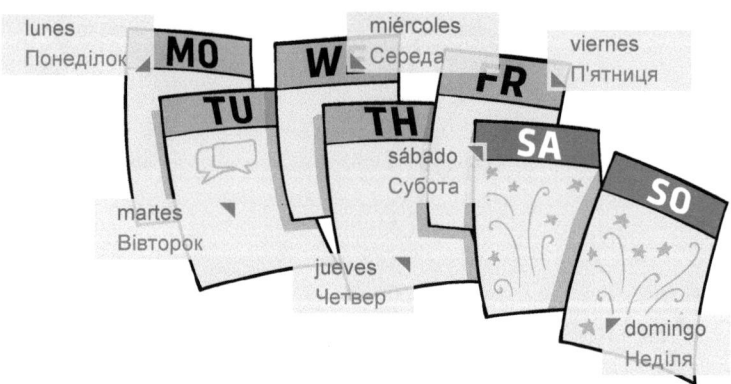

lunes
Понеділок

martes
Вівторок

miércoles
Середа

jueves
Четвер

viernes
П'ятниця

sábado
Субота

domingo
Неділя

ayer

вчора

hoy

сьогодні

mañana

завтра

la mañana

ранок

el mediodía

опівдні

la tarde

вечір

MO	TU	WE	TH	FR	SA	SU
1	2	3	4	5	6	7
8	9	10	11	12	13	14
15	16	17	18	19	20	21
22	23	24	25	26	27	28
29	30	31	1	2	3	4

los días hábiles

робочі дні

MO	TU	WE	TH	FR	SA	SU
1	2	3	4	5	6	7
8	9	10	11	12	13	14
15	16	17	18	19	20	21
22	23	24	25	26	27	28
29	30	31	1	2	3	4

el fin de semana

кінець робочого тижня

el año
рік

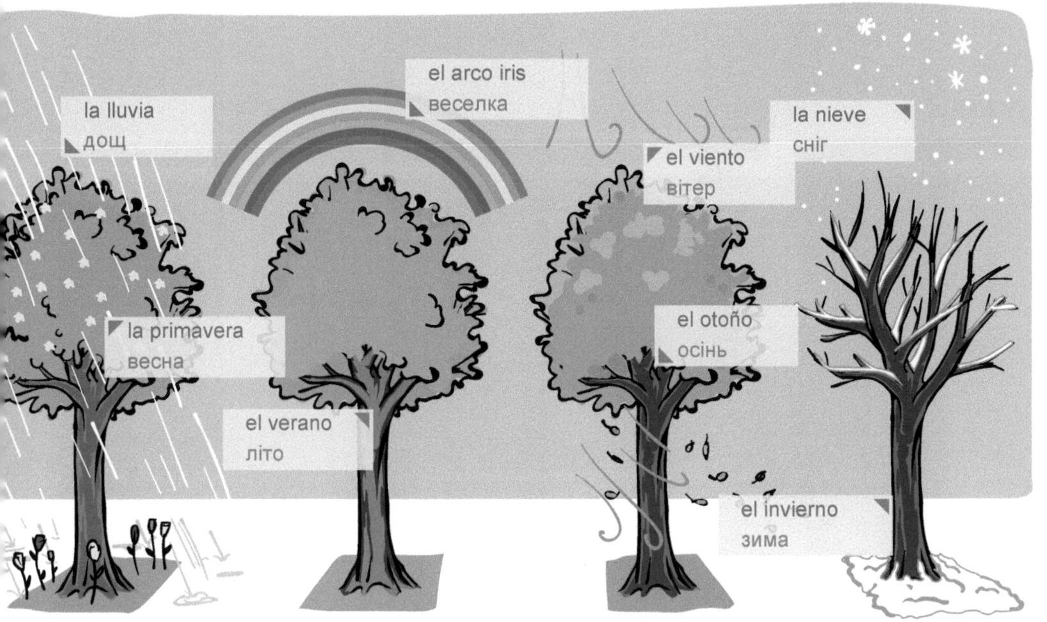

la lluvia
дощ
el arco iris
веселка
la nieve
сніг
el viento
вітер
la primavera
весна
el otoño
осінь
el verano
літо
el invierno
зима

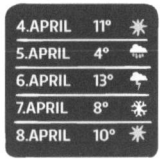

4.APRIL 11°
5.APRIL 4°
6.APRIL 13°
7.APRIL 8°
8.APRIL 10°

pronóstico meteorológico

прогноз погоди

F C
120 40
90 30
60 20
30 10
0 0
-30 -10
-20

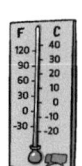

el termómetro

термометр

la luz del sol

сонячне світло

la nube

хмара

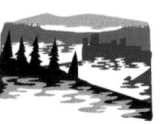

la niebla

туман

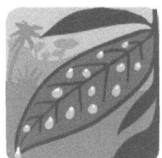

la humedad

вологість повітря

el rayo

блискавка

el trueno

грім

la tormenta

шторм

el granizo

град

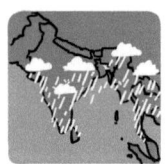

el monzón

мусон

la inundación

повінь

el hielo

лід

enero

Січень

febrero

Лютий

marzo

Березень

abril

Квітень

mayo

Травень

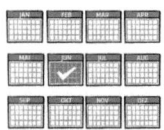

junio

Червень

julio

Липень

agosto

Серпень

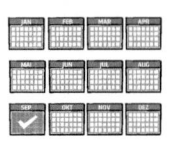

septiembre
....
Вересень

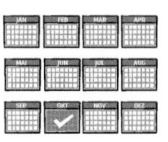

octubre
....
Жовтень

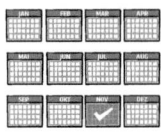

noviembre
....
Листопад

diciembre
....
Грудень

las formas
форми

el círculo
....
круг

el cuadrado
....
квадрат

el rectángulo
....
прямокутник

el triángulo
....
трикутник

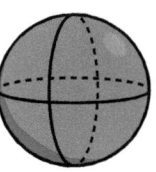

la esfera
....
куля

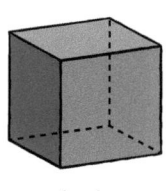

el cubo
....
куб

blanco

білий

amarillo

жовтий

naranja

помаранчевий

rosa

рожевий

rojo

червоний

violeta

фіолетовий

azul

синій

verde

зелений

marrón

коричневий

gris

сірий

negro

чорний

mucho / poco

багато / мало

enojado / tranquilo

лютий / мирний

lindo / feo

гарний / бридкий

el principio / el fin

початок / кінець

grande / chico

великий / малий

claro / oscuro

світлий / темний

hermano / la hermana

брат / сестра

limpio / sucio

чистий / брудний

completo / incompleto

завершений /
незавершений

el día / la noche

день / ніч

muerto / vivo

мертвий / живий

ancho / angosto

широкий / вузький

comestible / no comestible

їстівний / неїстівний

malo / amable

злий / дружній

entusiasmado / aburrido

збуджений / нудьгуючий

gordo / flaco

товстий / тонкий

primero / último

спочатку / востаннє

el amigo / el enemigo

друг / ворог

lleno / vacío

повний / порожній

duro / blando

жорсткий / м'який

pesado / liviano

важкий / легкий

el hambre / la sed

голод / спрага

enfermo / sano

хворий / здоровий

ilegal / legal

незаконний / законний

inteligente / estúpido

розумний / дурний

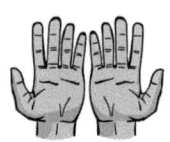

izquierda / derecha

вліво / вправо

cerca / lejos

поруч / далеко

nuevo / usado

новий / використаний

nada / algo

нічого / щось

viejo / joven

старий / молодий

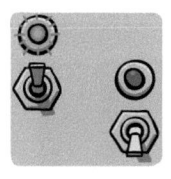

encendido / apagado

вкл / викл

abierto / cerrado

відкрито / закрито

silencioso / ruidoso

тихо / гучно

rico / pobre

багатий / бідний

correcto / incorrecto

правильно / неправильно

áspero / suave

шорсткий / гладкий

triste / contento

сумний / щасливий

corto / largo

короткий / довгий

lento / rápido

повільно / швидко

mojado / seco

вологий / сухий

caliente / frío

гарячий / холодний

guerra / paz

війна / мир

числа

0

cero

нуль

1

uno

один

2

dos

два

3

tres

три

4

cuatro

чотири

5

cinco

п'ять

6

seis

шість

7

siete

сім

8

ocho

вісім

9

nueve

дев'ять

10

diez

десять

11

once

одинадцять

12
doce
дванадцять

13
trece
тринадцять

14
catorce
чотирнадцять

15
quince
п'ятнадцять

16
dieciséis
шістнадцять

17
diecisiete
сімнадцять

18
dieciocho
вісімнадцять

19
diecinueve
дев'ятнадцять

20
veinte
двадцять

100
cien
сто

1.000
mil
тисяча

1.000.000
el millón
мільйон

el inglés

англійська

el inglés americano

американська англійська

el chino mandarín

китайська
високочиновницька

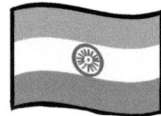

el hindi

хінді

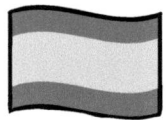

el español

іспанська

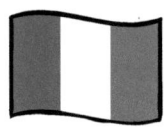

el francés

французька

el árabe

арабська

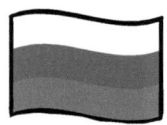

el ruso

російська

el portugués

португальська

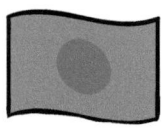

el bengalí

бенгальська

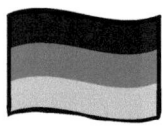

el alemán

німецька

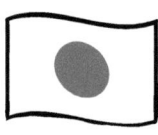

el japonés

японська

yo

я

vos

ти

él / ella

він / вона / воно

nosotros

ми

ustedes

ви

ellos

вони

¿quién?

хто?

¿qué?

що?

¿cómo?

як?

¿dónde?

де?

¿cuándo?

коли?

el nombre

ім'я

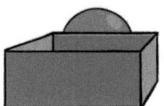

detrás

ззаду

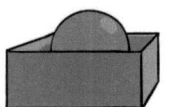

en

в

adelante de

перед

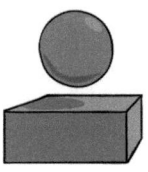

por encima de

над

sobre

на

debajo de

під

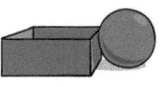

al lado de

біля

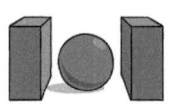

entre

між

el lugar

місце